PHILOPENES,

O U

DU RÉGIME DES PAUVRES.

Par SEGUIER DE SAINT BRISSON.

Non ignara mali, miferis fuccurrere difco. Virg.

A PARIS,

Chez {

REGNARD, Imprimeur de l'Académie Françoife, au Palais.

PANKOUKE, Libraire, rue de la Comédie Françoife.

DUCHESNE, Libraire, rue Saint Jacques.

M. DCC. LXIV.

PHILOPENES,

OU

DU RÉGIME

DES PAUVRES.

Non ignara mali, miseris succurrere disco.
Virg. Æneid.

J'AI éprouvé le sort des malheureux & des indigens ; je me suis vu quelquefois abandonné de tous les hommes, privé de leur assistance, & gêné dans les secours qu'un homme pourroit trouver en lui-même, si, lorsqu'il est seul, il n'étoit pas entouré. Mon cœur a

A

gémi quelquefois sous le poids de
l'infortune : voilà ce qui m'a ren-
du sensible. Dans d'autres momens je me suis vu riche ; alors
j'ai été heureux, non-seulement
par la jouiffance des biens que mes
ancêtres m'ont laiffés , mais encore par le plaifir de les partager
avec ceux qui souffrent de l'indigence : voilà ce qui m'a fait connoître les douceurs de la bienfaifance.

C'eft donc parce que je connois ces deux fituations oppofées,
que j'ofe aujourd'hui me mettre
entre les deux extrêmes , traiter
du fort de la partie fouffrante de
l'humanité , & porter fa caufe devant fes puiffans ennemis. Je trem-
ble quand je penfe à l'importance
du fujet que je traite ; j'entre dans
une défiance de moi-même qui
me feroit taire , fi je connoiffois

quelqu'un qui osât s'avancer & parler dignement ; mais je vois au contraire que la caufe du malheureux eft trahie : tout fe tait devant la richeffe. Le Gouvernement attentif fur le bien de l'Etat , travaille aujourd'hui à faire un Réglement qui décidera le fort des pauvres Mendians dans tout le Royaume. Plein de confiance en l'efprit de douceur & de juftice qui le fait agir , je pourrois attendre dans le filence ; mais que les hommes durs & méprifans fe taifent donc auffi ; qu'ils ceffent de demander que l'on efface du nombre des vivans , ces malheureux auxquels ils n'ont laiffé que le fouffle ; & qu'ils n'obfcurciffent pas par leurs clameurs impies, les vues faines & judicieufes d'un Gouvernement qui veut faire le bien, par le moindre mal.

Si l'on veut empêcher qu'il y ait des Pauvres dans le Royaume, il faut ôter les riches : voilà le seul moyen. Mais si l'on veut seulement que les pauvres préparent leur subsistance par leur travail, si l'on veut les tirer de ce découragement qui les engage à revêtir toutes les infirmités, qui les porte à chercher dans leur foiblesse un secours qu'ils pourroient trouver dans leurs forces ; il faut les soulager d'une partie de leur fardeau ; il faut leur tendre une main secourable ; il faut que devenus sages par l'expérience des temps passés, nous renoncions à tous moyens de violence : & qu'après avoir été injustes dans le partage des biens, nous ne prenions pas de notre injustice le droit d'être cruels. Confidérés comme hommes, ces Pauvres font nos frères (1) ; confidérés comme des êtres fort éloignés de nous, ce font les plus tendres objets de notre fenfibilité. Attachons-nous donc à les traiter comme ils peuvent l'exiger, finon de la nature, du moins de la fociété : & dans ce moment extrême où leur indigence les jette dans le crime, arrêtons les progrès d'un mal déja trop avancé ; fixons leur fort d'une façon durable, afin qu'après les avoir privés de toutes les efpèces de plaifirs, nous n'ayons pas à nous reprocher de leur avoir laiffé perdre le goût de la vertu.

***

(1) Non-feulement nos frères en Jefus-Chrift, mais nos frères en Dieu le père & de toute éternité.

A iij

J'ose à peine communiquer mes idées sur le régime qui leur convient. Que le remède est foible contre un si grand mal ! Je m'en occupe depuis long-temps. J'ai étudié dans l'Histoire, j'ai cherché chez nos voisins, j'ai interrogé les Sages, ce n'étoit pas tant pour trouver un bon moyen, que pour tâcher de me passer du seul qu'il y a, & que personne ne veut prendre. Je n'ai rien trouvé de satisfaisant, parce que la vérité ne me fuyoit pas, & que c'étoit moi qui cherchois à l'éviter. Si mes Lecteurs ont l'esprit assez juste pour sentir que les moyens que je propose sont insuffisans, ils connoîtront aussi par-là que l'on ne peut pas satisfaire à la charité, tant que l'on manque à la justice, & qu'il est insensé de vouloir remé-

dier aux maux exiſtans, ſans recourir à un partage de biens plus
équitable. Puiſſai-je avoir tort
toute ma vie, pourvu que l'on en
tire des inductions auſſi ſalutaires!

Dans toutes les grandes Socié-
tés, il y a toujours eu de plus peti-
tes ſociétés, & un certain nombre
d'individus qui ont vécu indé-
pendans au milieu d'elles, ſans
nulle participation aux mêmes
Loix & aux mêmes avantages, &
qui ſe ſont même ſéparés de Religion, lorſqu'ils ont été plus
nombreux & plus raſſemblés. Tels
ont été les Hébreux chez les Egyp-
tiens, les enfans de Zoroaſtre chez
les anciens Perſes, &c. Cette indé-
·pendance eſt la ſuite néceſſaire de
la pauvreté, parce que, quand on
ne poſsède rien, on ne donne aucune priſe ſur ſoi, & parce que

les Gouvernemens qui ne font occupés que du moment, ne crai-
gnent que les gens riches & puiffans, & ne fixent pas leur attention fur les Pauvres qui agiffent
fourdement, & arrivent à leur but
par la patience & la longanimité.

Cet inconvénient inféparable
des grandes Monarchies n'a jamais
troublé les Républiques fages,
parce qu'il n'y a point de Pauvres parmi elles, & que la feule
façon de foumettre les hommes
au Gouvernement, eft de les faire
participer à l'exercice de fon autorité : auffi ne voyons-nous pas
dans les Hiftoires Grecques & Ro-
maines, qu'il fe foit élevé un nouveau Peuple dans le fein de ces
Peuples, & une nouvelle Religion dans le fein de leur Religion.

C'eft donc la pauvreté qui affure l'indépendance, qui prépare les révolutions, & qui, après s'être long-temps exercée par les larcins intérieurs, renverfe les Trônes.

D'après ce raifonnement, dans lequel on peut fe confirmer par l'Hiftoire des Révolutions, toute Monarchie doit donc pourvoir à ce qu'il n'y ait point de Pauvres dans fes limites, pour en affurer l'étendue & la ftabilité. Heureux le Roi qui, en travaillant à affermir fon Empire, travaille auffi à le rendre doux & agréable à fes Sujets !

» La pauvreté (dit Pafquier en » fes recherches) produit quelque» fois en nous de merveilleux ef» fets de vertu, quelquefois de » merveilleux effets de vice. En » un commencement de Républi-

» que qui veut s'accroître par la
» vertu, il faut faire profession de
» pauvreté. Au deffiniment, ce
» font chofes incompatibles que
» la vertu & la pauvreté. Chacun
» veut être riche aux defpens de
» fa confcience ; à quelque prix
» que ce foit, nous fuyons le Pau-
» vre comme un Larron, & ne fe-
» roit pas fans quelque raifon. Car,
» pour bien dire, il advient fort
» fouvent que la pauvreté eft mère
» du larcin.

A Rome, on partageoit les terres entre les Citoyens ; chez les
Perfes, on partageoit les biens entre les Satrapes. Malheureufe Na-
tion, qui étoit privée de la fubfiftance par l'avarice de fes Gouver-
neurs, & qui fut livrée à la mort
& à l'efclavage par leur lâche mol-
leffe !

Dans les commencemens de l'Empire François, Charlemagne (1) ordonna à chaque Seigneur de nourrir fes Pauvres malades, de les entretenir dans fa Terre, & de ne pas permettre qu'ils vagaffent ailleurs. Le fecond Concile de Tours (2) ordonne à chaque Ville de nourrir fes Pauvres infirmes.

En ces temps-là il n'y avoit point de Pauvres, parce que les hommes attachés au fond, hommes de la glèbe, étoient femblables aux végétaux qui tiennent au fol. (J'aime mieux cette comparaifon, que la fimilitude plus rapprochée des animaux que l'on nourrit des fucs de là terre, pour s'engraiffer en-

_____

(1) Anegife, Conft. de Charlemagne.
(2) Canon 5 du fecond Conc. de Tours.

fuite du leur). Ainfi les Pauvres dont il eft queftion dans ces Ré-glemens dont je viens de parler, n'étoient que les infirmes & vieux ferfs que les Seigneurs abandon-noient impitoyablement, lorfqu'ils ne pouvoient plus tirer d'utilité de leur travail.

Lorfque les Rois de France, inftruits & aidés par la Religion Chrétienne, eurent aboli le fer-vage des Payfans, ces hommes de-vinrent maîtres & poffeffeurs des terres qu'ils labouroient aupara-vant pour leurs Seigneurs; ils les reçurent d'eux moyennant une re-devance, un cens qu'ils leur payè-rent.

Les Seigneurs augmentèrent ces cens, felon la multiplicité de leurs befoins; de-là le découra-gement des Cultivateurs. Ajoutez à cela les dévaſtations cauſées par les guerres continuelles que ces Seigneurs ſe faiſoient entre eux. Alors les Laboureurs abandonnèrent les Campagnes, ils ſe réfugièrent dans les Villes, & vécurent des charités des Habitans. D'un autre côté, les Pélerinages, les voyages de dévotion en Pays éloignés, auxquels la religion ſervoit de prétexte, & dont le libertinage étoit ſouvent le motif, entraînoient des familles nombreuſes, errantes & vagabondes de Villes en Villes, de Provinces en Provinces, & tous ces gens oiſifs vivoient aux dépens de la crédulité & de la ſuperſtition aveugle des Bourgeois. » Ainſi maintenant ſe courent » Mendians par les places en ſi » grand habondance, qu'il n'y a » lieu qui en puiſſe être vuide.

» Aucuns fonts qui avec reliques
» requierent deux ; & fonts leur
» quêter par tous lieux : mais fou-
» vent vendent les aifles & les
» plumes des efprits du Ciel (1) «.
» Les Mendians , dit Grégoire de
» Tours (2), marchoient en trou-
» pe par la Ville , & menoient des
» enfans eftropiés dans des cha-
» rettes. Dans ma grande jeuneffe ,
» dit Pafquier en fes recherches,
» ces fainéans avoient accoutumé
» de venir loger au temps d'Été
» fous les ponts de Paris, garçons
» & garces pêle-mêle ; & Dieu
» fait quel ménage ils faifoient en-
» femble.

Voilà donc les Pauvres indigens
& les fainéans vagabonds déja con-

---

(1) Nef des fols.
(2) Miracles de S. Martin.

fondus ensemble, vivans fous le même régime apparent, & par les mêmes moyens de fubfiftance; les fainéans protégés par la charité, & les indigens pourfuivis par la juftice & l'indignation des gens de bien. Jean de Mehun, Auteur eftimable, dit dans le Roman de la Rofe :

Quand je vois tout nûs ces Truands
Trembler fur les fumiers puans,
De froid, de faim, crier & braire,
Compte ne fais de leur affaire.

En 1538 (1), le Parlement fe plaint au Roi de ce que les Courtifans, & mêmement le Cardinal le Veneur, faifoient chacun jour au Louvre aumône publique. Voilà donc la caufe des Pauvres unie

_____

(1) 24 Janvier 1558.

à celle des vagabonds, & les malheureux jugés comme les coupa-
bles. Mais arrêtons - nous ici.
Avant de vous préfenter l'hiftoire
des Pauvres mendians & des vagabonds mendians, je veux vous
expliquer quel a été mon point de
vue en recherchant leur origine
& leur fuite progreffive dans toutes les Chroniques de la France.
Il eft, 1°. de vous faire voir que
les moyens de violence continués
perfévéramment pendant 300 années, ont été nuls & de nul effet.

2°. De vous faire remarquer
que cette violence n'étoit fondée que fur ce qu'on ne diftin-
guoit pas les Pauvres, des Vagabonds ; de forte que les traitemens févères & durs que la Juftice devoit à ces derniers, & qu'elle
étendoit fur les autres, étoient
fans

fans ceffe contredits par la compaffion que les hommes avoient
pour leurs frères indigens & fouf-
frans. Puiffe la lumière célefte
m'éclairer dans le moment de ma
vie où j'en ai le plus befoin! Puiffe
mon fujet augufte ennoblir mes
expreffions, élever ma voix, afin
que je plaide dignement la caufe
de l'homme, devant l'homme! Je
connois la fublimité de l'emploi
que je prends aujourd'hui. Puiffe
la mort m'impofer filence dans le
moment même, fi je ne dois pas
le remplir! Puiffe le flambeau de
ma vie s'éteindre après le moment
qui l'honore, fi le refte de fon
cours doit en ternir l'éclat!

En 1524, le Parlement de
Paris voulant pourvoir à l'innombrable quantité de Pauvres mendians qui rempliffoient la Ville,

B

s'affembla le 8 Avril, & mit la matière en délibération, pour pourvoir à leur fubfiftance, leur affurer des hofpices, & empêcher
qu'ils ne couchaffent dans les rues.
M^e. Jean Papillon, Confeiller du
Roi en ladite Cour, porta la parole, & dit: » (1) Qu'il faut pour-
» veoir à la nouriture des Pauvres,
» & faut que chacun s'y employe:
» qu'il y a beaucoup de gens de
» bien en cette Ville qui fonts des
» aumônes, & qui volontiers fe
» cotteronts pour les nourrir. Que
» le Prefcheur de Saint Germain-
» l'Auxerrois a prefché publique-
» ment, qu'il y a en laditte Paroiffe
» de Saint Germain un jeune fils
» à marier qui lui a donné charge
» de dire, que fi chacun fe veut

---

(1) Extrait des Regiftres du Parlement.

» cotter pour la nourriture defdits
» Pauvres , de fa part il donnera
» trois cent écus , qui eft un beau
» commencement.

» Auffi a parlé le Prévôt des
» Marchands , des Pauvres qui
» fonts en grand nombre en cette
» Ville. . . . . qu'il faut nourir &
» alimenter les Pauvres , car il eft
» écrit , & a dit notre Rédemp-
» teur : *Pauperes habebitis vobif-*
» *cum , me autem non femper. Si*
» *non pafcifti , occidifti.* Qu'on n'a
» point vu lieu où l'on faffe autant
» d'aumône , qu'on en fait en cette
» ditte Ville , même ès Maifons
» publiques , comme Celeftins ,
» Chartreux (1) , Saint Martin-

---

(1) Il faut remarquer que dans ces temps-là
on fe louoit de la charité des Eccléfiaftiques ;
afin de n'être pas fcandalifé , lorfque l'on verra

» des-Champs & autres, & aussi
» par des gens particuliers qui en
» fonts beaucoup, les uns de jour,
» les autres de nuit, pour n'être
» vûs, & prier Dieu de donner
» vouloir à ceux qui les fonts,
» qu'ils continuent, car c'est une
» bonne œuvre & charitable ; &
» ne faut increper ceux des Pays
» de Picardie, & Normandie qui
» chassent les Pauvres ; il y a quel-
» ques raisons de les chasser, car
» ils font ès frontières, ils souf-
» frent de la faim & de la famine ;
» il ne se faut ébahir s'ils les ont
» chassés. Viennent ici les Pau-
» vres comme à la principale Ville
» du Royaume, & il les faut nou-

---

qu'ils refusent la taxe que l'on exigeoit d'eux
pour le soulagement des Pauvres, & afin de
connoître la véritable cause de cette contra-
riété apparente.

» rir , & regarder la façon de le
» faire : que de les chaffer & met-
» tre en lieu féparé, comme en la
» Halle où tient la foire de Saint-
» Germain ne femble bon (1) ; car
» s'ils font affemblés , ils ne fe-
» ront que penfer mal , & s'ils fe
» voient cinq cent enfemble, en
» fix jours ils feront fix mille :
» ce qui feroit chofe pernicieu-
» fe....

Il finit par dire qu'il faut donner à travailler aux valides , &
nourir les malades dans les Hô-

_____

(1) Si ce doit être la première confidération
de ceux qui fe mêlent du régime politique ; de
combien plus d'importance n'eft-elle pas pour
ceux qui font chargés de l'adminiftration des
Pauvres.

Si les hommes riches & fains fe corrompent
mutuellement , à plus forte raifon les Pauvres
qui font ulcérés de corps & d'efprit.   )

pitaux, fans néanmoins employer aucune violence.

» La Cour a ordonné que l'on » laiffera vivre les infirmes des » charités volontaires, & que les » Directeurs des Hôpitaux feront » forcés de les loger. Seront tenus » les Echevins d'avifer aux moyens » de donner du travail aux Pau-» vres valides, & de les nourir à » la moindre charge du peuple.

» En l'an 1532 en été (1), il » courut un bruit à Paris, qu'il y » avoit à Paris une multitude de » gens appelés Marrabais Italiens, » qui prenoient les petits enfans » fecretement, & les tuoient pour » en avoir le fang : dont il y eut » grande émotion de peuple à la » Ville, tellement que quand on

_____

(1) Manufcrit Dupuis.

» les trouvoit on les battoit très-
» fort, jusqu'à vouloir les tuer. Et
» ce néanmoins il fut trouvé que
» ce n'étoit que toute menterie.

» En 1532, vers la Pentecôte,
» il fut crié à son de trompe par
» les carrefours de la Ville : De par
» le Roy & la Cour de Parlement,
» que dorefnavant nuls Pauvres
» n'allaffent parmy la Ville, man-
» dier ny querir leur pain, ny jour
» ny nuit, fous peine d'être ba-
» tûs au cul de la charrette par le
» Bourreau. Et fut ordonné qu'il
» feroit quêté par les femmes dans
» les Eglifes, & par les hommes
» dans les maifons, pour leur être
» diftribués chaque femaine, cha-
» cun en leur Paroiffe.

» Ce jourd'hui 24 Janvier
» 1538 (1), eft venu en la Cour

_____

(1) Extrait dés Regiftres du Parlement.

» Me. Dodieu Maiftre des Re-
» queftes, lequel a dit que le Roy
» lui avoit commandé de dire à
» icelle Cour, qu'elle faifoit mal
» garder l'Ordonnance des Pau-
» vres ; & qu'elle eût à y pour-
» voir déformais plus foigneufe-
» ment, à ce que lefdits Pauvres
» ne vagaffent plus par la Ville.
» A dit Remon, Avocat du Roi,
» que l'inconvénient provenoit des
» Courtifans qui donnoient l'au-
» mône, & mêmement le Cardi-
» nal le Veneur, faifoient chacun
» jour au Louvre aumône publi-
» que, qui étoit caufe que les
» Pauvres fe retiroient devers le
» Louvre.

Réglement du 4 Février 1541
(1), qui défend aux Habitans de

---

(1) Extrait des Regiftres du Parlement.

donner

donner l'aumône dans les rues.

Le même Réglement établit, que l'on ne recevra que les invalides dans les Hôpitaux, encore qu'ils foient natifs de Paris, ou y réfidens depuis une année ; établit un Hôpital de réception pour les Pauvres paffans (1). Enjoint aux Habitans de leur enfeigner le lieu de leur logement. Défend de mendier fous peine de la hart. Et ordonne, fous peine de confifcation du temporel, aux Eccléfiaftiques de payer la taxe qu'ils s'étoient impofée eux-mêmes, & qu'ils refufoient de payer.

N. B. Les Regiftres du Parlement font remplis d'Arrêts contre les Chapitres, Communautés Eccléfiaftiques , qui refufoient de

_____

(1) Extrait des Regiftres du Parlement.

C

payer la cottifation générale établie pour le foulagement des Pauvres. Un Arrêt ordonne la faifie des maifons appartenantes à ces mêmes Chartreux qui s'étoient rendus recommandables par l'abondance des aumônes volontaires qu'ils faifoient aux Pauvres, & qui les refufoient depuis qu'elles étoient forcées.

Ordonnance de 1543 (1). Défenfes font faites aux Mendians & Pauvres malades d'entrer dans les Eglifes, fous peine de la hart.

Arrêt du 15 Janvier 1544 (2), qui ordonne de garder prifonniers pendant la nuit, les Pauvres arrêtés en mendiant, & de les en-

---

(1) Extrait des Regiftres du Parlement.
(2) Ibid.

chaîner le jour pour les faire travailler aux travaux publics.

Ordonnance de Henri II, du 9 Juillet 1547 (1), qui exclut les valides des aumônes. Ordonne que les Paroiffes fourniront à la fubfiftance de ceux d'entre les Paroiffiens qui ne peuvent vivre; défend de mendier, fous peine du fouet & des galeres.

Arrêt du 22 Décembre 1570 (2), qui défend aux Curés d'empêcher que l'on ne quête pour les Pauvres en leur Paroiffe.

Arrêté en 1590 que l'on écrira au Cardinal de Gondy, le prier de revenir en cette Ville faire fa charge d'Evêque & de Pafteur, & d'embraffer le foin des Pauvres.

------

(1) Extrait des Regiftres du Parlement.
(2) Ibid.

Du 5 Février 1596 (1). La
Cour, pour obvier aux inconvéniens qui peuvent advenir de l'af-
fluence des Pauvres en cette Ville,
enjoint aux Baillis, &c. de pourvoir en ce qui est de leur Charge,
à ce que lesdits Pauvres soient retenus, nourris, subftantés & fe-
courus, chacun ès Diocèfe auquel ils fons demeurans, & empêcher qu'ils ne vaguent pour demander leur vie ailleurs. Enjoint
aussi aux Archevêques, Evêques
& autres Prélats du Reffort, d'a-
vertir les Curés, &c. d'exciter
par bonnes exhortations leurs Paroiffiens, habitans des Villes &
autres, d'aumôner de leurs biens
lefdits Pauvres; à cet effet, défend auxdits Pauvres de fortir de

---

(1) Extrait des Regiftres du Parlement,

leurs Diocèfes, & de mendier ailleurs, fous peine de punition corporelle.

Arrêt du 18 Janvier 1606. La Cour enjoint aux Pauvres qui font à l'aumône de porter fur l'épaule la marque ordinaire du Bureau; leur défend de mendier, fous peine de punition corporelle (1) : enjoint à tous autres Pauvres de fe retirer au lieu de leur naiffance ; défend à toutes perfonnes de les recevoir & loger plus d'une nuit, fous peine d'amende arbitraire ; défend à toutes perfonnes de donner l'aumône en public, fous peine de dix livres parifis d'amende ; ordonne que l'on arrête & emprifonne les contrevenans.

_____

(1) Extrait des Regiftres du Parlement.

Arrêt du 7 Février 1606. La Cour ordonne que les Pauvres Irlandois, leurs femmes & leurs enfans, feront logés ès Fauxbourgs de la Ville; qu'il leur fera donné par jour la fomme de douze deniers, & de la paille.

Arrêt du 29 Novembre 1619. Enjoint la Cour aux Mendians étrangers de fe retirer au lieu de leur naiffance dans vingt-quatre heures; enjoint à ceux de Paris de travailler & de fe retirer aux Hôpitaux à ce deftinés; défend de loger ou retirer les fainéans; ordonne que les paillaffes & lits de ceux qui les retireront, feront brûlés devant leurs maifons (1); défend à toutes perfonnes de donner l'aumône en public.

_____

(1) C'étoit par la crainte de la pefte que ces gens-là portoient avec eux.

Arrêt du 15 Février 1625 (1), portant défenfes à toutes perfonnes de donner l'aumône aux Pauvres dans les falles, galeries, enclos du Palais, fous peine de dix livres parifis d'amende; & défend aux Pauvres d'y mendier, fous peine de prifon & du fouet.

Arrêt du 5 Mars 1626, portant défenfe de donner l'aumône en public, de loger les vagabonds, fous peine de deux cents livres d'amende.

Du 21 Mars 1628 (2). La Cour ordonne qu'il fera délivré trente livres parifis aux nommés Coufin & Claude Bufliere, pour avoir, depuis Pâques de l'année dernière, jufqu'à ce jour, fait vuider les

---

(1) Extrait des Regiftres du Parlement.
(2) Ibid.

Pauvres mendians des galeries du Palais.

Le 12 Janvier 1629, la Cour ordonne qu'il fera délivré trente-fept liv. parifis aux ci-deffus nommés, pour avoir fait vuider les Pauvres mendians des galeries du Palais.

Arrêt du 16 Juillet 1632. Défenfes de loger ou retirer les Pauvres mendians, & de donner l'aumône en public.

18 Avril 1657 (1). Les Gens du Roi remontrent à la Cour, que nonobftant tous Edits & Réglemens, on ne peut empêcher la mendicité. Défenfes font faites de mendier, de donner l'aumône, & de loger, à peine d'un procès criminel contre les Mendians, &

_____

(1) Extrait des Regiftres du Parlement.

cent livres d'amende contre ceux qui leur donneront.

Voilà donc l'effet de tant de Réglemens, de tant de dépenfes & de contraintes de toutes efpèces. Ce n'eft pas que le Parlement n'ait affuré des fonds confidérables pour pourvoir à l'entretien de tous ces établiffemens : ce n'eft pas que tous les Corps du Royaume ne fe foient cottifés pour y fubvenir : ce n'eft pas non plus que le crédit & la puiffance de ceux qui étoient léfés par ces difpofitions, fût bien grand. Néanmoins la force a plié fous la foibleffe, & l'autorité a été éludée. C'eft que lorfque l'on veut mettre une Ordonnance en vigueur , il faut l'établir fur la bafe de l'équité; & ce que l'on appelle y tenir la main eft un moyen infuffifant;

qui n'a de force que contre les
malfaiteurs , & le petit nombre
de gens dépravés : il eſt impoſſi-
ble de tenir la main à une Ordonnance envers & contre tous. Et
le Parlement étoit obligé de maintenir ſes Réglemens contre toute
la ſociété ; ce n'eſt pas ſeulement
contre les Mendians qu'il étoit
contraint de ſévir , c'étoit auſſi
contre ceux qui leur donnoient
l'aumône ; & non-ſeulement contre ces deux eſpèces de gens-là ,
mais même auſſi contre ceux qui
vouloient bien donner à un Pauvre ſouffreteux qui intéreſſoit la
charité & l'humanité ; mais qui ne
trouvoient pas auſſi doux de payer
par une taxe , ce qu'ils accordoient
par bienfaiſance.

Il s'en faut bien que je con-
clue de-là que le Parlement avoit

tort de vouloir régler cette abu-
five quantité de Mendians, & que
je croie que leur indifcipline &
leurs débordemens ne devoient pas
exciter la fainte fureur des Magiftrats. Je vois au contraire que c'é-
toient des fcélérats qui fe jouoient
de la Religion, de la crédulité
des peuples, & de la douceur du
Gouvernement ; je vois qu'ils
étoient infolens & rebelles, au
point que l'on décerna une ré-
compenfe honorable à deux Officiers de Police qui vinrent à bout
de les faire fortir des galeries du
Palais ; je vois même qu'ils y
rentrèrent peu de temps après,
puifque l'on renouvella cette ré-
compenfe l'année fuivante. Mais
je dis qu'il n'étoit pas permis de
confondre de tels gens avec les
Pauvres modeftes & foumis, &

qu'il ne falloit pas leur donner
un sort commun; je dis que pour
remédier à cet abus, il ne falloit
pas endurcir le cœur des hommes contre l'attendrissement que
donne la vue de la misère; &
qu'il ne falloit pas esperer que
la froide quête d'un Marguillier
ou d'une dévote, suppléeroit à
cette abondance d'aumônes qui
partoient d'un cœur ému par la
charité & l'humanité tout ensemble; je dis que les coups de fouet
étoient bien mal appliqués sur
des corps ulcérés de plaies &
séchés par la faim; je dis enfin
qu'il ne doit pas y avoir de spectacle plus révoltant que celui
d'un Exacteur d'impôts & d'un
Bourreau, qui tombent en même
temps sur celui qui donne l'aumône & sur celui qui la reçoit.

Mais comme mon intention n'eſt
pas de blâmer le Gouvernement
du quinzième ſiècle, mais plutôt
de profiter de ſes erreurs pour
établir un régime convenable, je
me contenterai donc de remarquer, 1°. que les moyens de
violence continués perſévéram-
ment pendant près de 300 années ont été nuls & de nul effet.

2°. Que cette violence n'étoit
fondée que ſur l'indiſtinction des
Pauvres & des Vagabonds; de
ſorte que les traitemens durs &
ſévères que la Juſtice devoit à ces
derniers, & qu'elle étendoit ſur
les autres, étoient ſans ceſſe contredits par la compaſſion que les
hommes avoient pour leurs frères
indigens & ſouffrans.

En 1724, le Roi donna ſur ce
ſujet une Déclaration concernant

les Pauvres mendians; & comme c'eſt le Réglement le plus précis & le mieux fait en ce genre, je crois devoir la rapporter preſque toute entière, parce que c'eſt le point fixe d'où nous avons à partir, pour examiner la valeur des moyens reçus & de ceux qui ſont à propoſer : elle eſt datée de Chantilly le 18 Juillet.

Louis, &c. Nous avons toujours vu avec une peine extrême, depuis notre avénement à la Couronne, la grande quantité de Mendians de l'un & de l'autre ſexe qui ſont répandus dans Paris & dans les autres Villes de notre Royaume, & dont le nombre augmente tous les jours. L'amour que nous avons pour nos Peuples, nous a fait chercher les expédiens les plus convenables.

pour fecourir ceux qui ne font réduits à la mendicité, que parce que leur grand âge ou leurs infirmités les mettent hors d'état de gagner leur vie ; & notre attention pour l'ordre public & le bien général de notre Royaume, nous engage à empêcher, par des Réglemens févères, que ceux qui font en état de fubfifter par leur travail, mendient par pure fainéantife, & parce qu'ils trouvent une reffource plus fûre & plus abondante dans les fecours des perfonnes charitables, que dans ce qu'ils pourroient gagner en travaillant ; ils font en cela d'autant plus puniffables, qu'ils volent le pain des véritables Pauvres (1), en s'attribuant les chari-

---

(1) Quels font-ils donc ces véritables Pau-

tés qui leur feroient deftinées ;
& l'ordre public y eft d'autant
plus intéreffé, que l'oifiveté cri-
minelle dans laquelle ils vivent,
prive les Villes & les Campagnes
d'une infinité d'Ouvriers néceffaires pour la culture des terres &
les manufactures, & que la diffolution & la débauche, qui font
la fuite de cette même oifiveté,
les portent infenfiblement aux plus
grands crimes. Pour arrêter les
progrès d'un fi grand mal, auquel
on a voulu remédier dans tous les
temps, mais fans fuccès jufqu'à
préfent, nous avons fait examiner
en notre Confeil les différens
Réglemens faits par les Rois

-----

vres auxquels l'Ordonnance femble s'intéreffer ?
Pour moi je vois que la profcription eft générale, & que nuls ne font exceptés.

nos

nos prédécesseurs , & ceux faits par différens Princes & Puissances de l'Europe , sur une matière que l'on a toujours regardée comme un objet principal dans tous les Etats bien policés ; & nous avons reconnu que ce qui avoit pu empêcher le succès du grand nombre de Réglemens ci-devant faits à ce sujet , est que l'exécution n'en avoit pas été générale dans tout le Royaume, & que les Mendians chassés des principales Villes, ayant eu la facilité de se retirer ailleurs , ils auroient continué dans le même libertinage; ce qui les auroit mis à portée de revenir bientôt dans les lieux même d'où ils avoient été chassés; que l'on n'avoit pas pourvu suffisamment à l'entretien des

D

Hôpitaux, ce qui avoit obligé dans différens endroits les Directeurs à ouvrir les portes à ceux qui étoient renfermés ; que l'on n'avoit point offert de travail & de retraite aux Mendians valides qui ne pouvoient en trouver, ce qui leur avoit fourni un prétexte de transgresser la Loi, par l'impossibilité où ils avoient prétendu être de l'exécuter faute de travail & de subsistance ; & qu'enfin les peines prononcées n'étant pas assez sévères, ni aucun ordre établi pour reconnoître ceux qui avoient été arrêtés plusieurs fois, & les punir plus sévèrement pour la récidive, la trop grande facilité de se soustraire à la disposition de la Loi, & le peu de danger d'être convaincu, à cause de la légèreté de la peine, en auroient fait totalement négliger les difpofitions. Pour prévenir ces mêmes inconvéniens, nous avons pris les moyens qui nous ont femblé les plus sûrs, pour que notre préfente Déclaration foit également exécutée dans toute l'étendue de notre Royaume. Nous donnerons les ordres néceffaires pour la fubfiftance des Hôpitaux; & où leurs revenus ne fe trouveroient pas fuffifans, nous y fuppléerons de nos propres deniers, & nous efpérons même que nos Peuples contribueront volontairement par leur charité à une œuvre fi fainte & fi avantageufe à l'Etat; ce qui leur fera fi peu à charge, que quand même chaque particulier ne donneroit par aumône aux Hôpitaux chaque an-

née que la moitié de ce qu'il dif-
tribuoit manuellement aux Mendians, ce feul fecours feroit plus
que fuffifant pour les befoins de
tous les Hôpitaux du Royaume ;
& en propofant une fubfiftance &
un travail affuré à ceux des Mendians valides qui n'en auront pu
trouver, nous leur ôtons toute
excufe de défobéir à la Loi, &
nous fommes par-là en état d'établir des peines plus févères, puif-
qu'ils font entièrement les maîtres
de l'éviter. Nous avons nous-mê-
mes jugé à propos de mettre différens degrés à ces peines, en les
prononçant plus légères pour la
première contravention, plus févères pour la feconde, & en ne
faifant porter toute la rigueur de
la Loi que contre la troifième

contravention, qui ne peut mé-
riter ni excufe, ni compaffion; &
nous prenons en même temps les
précautions les plus exactes pour
reconnoître, malgré leurs artifices
& leurs déguifemens, ceux qui
étant arrêtés pour une feconde fois,
voudroient cacher leur première
détention. Nous efpérons par ces
juftes mefures, & par la fermeté
que nous apporterons à l'exécution
de notre préfente Déclaration,
de faire ceffer enfin un fi grand
défordre, diftinguer le véritable
pauvre qui mérite tout fecours &
compaffion, d'avec celui qui fe
couvre fauffement de fon nom pour
lui voler fa fubfiftance, & de rendre
utiles à l'Etat un grand nombre de
citoyens qui lui avoient été à charge jufqu'à préfent. A ces caufes,
&c.

ARTICLE PREMIER.

Enjoignons à tous Mendians, tant hommes que femmes valides & capables de gagner leur vie par leur travail, de prendre un emploi pour subsister de leur travail, soit en se mettant en condition pour servir, ou en travaillant à la culture des terres ou autres ouvrages ou métiers dont ils peuvent être capables : & ce, dans quinzaine du jour de la publication de la présente Déclaration. Enjoignons pareillement aux Mendians invalides, ou qui par leur grand âge sont hors d'état de gagner leur vie par leur travail, même aux enfans, nourrices & femmes grosses qui mendient, faute de moyen de subsister , de se présenter pendant ledit temps dans les Hôpitaux les plus prochains de leur demeure, où ils seront reçus gratuitement, & employés au profit des Hôpitaux à des ouvrages proportionnés à leur âge & à leurs forces, pour fournir du moins en partie à leur entretien & à leur subsistance ; & à l'égard du surplus, dans les cas où les revenus des Hôpitaux ne seroient pas suffisans, nous fournirons les secours nécessaires à cet effet.

I I.

Et pour ôter tout prétexte aux Mendians valides qui voudroient excuser leur fainéantise & leur mendicité, sur ce qu'ils n'ont pas pu trouver de travail pour gagner

leur vie, nous permettons à tous
Mendians valides qui n'auront
point trouvé d'ouvrage dans ledit
délai de quinzaine, de s'engager
aux Hôpitaux, qui, au moyen du-
dit engagement, feront tenus de
leur fournir la fubfiftance & l'entretien. Ces engagés feront diftribués en Compagnies de vingt
hommes chacune, fous le com-
mandement d'un Sergent qui les
conduira tous les jours à l'ouvrage, & fans la permiffion duquel
ils ne pourront s'abfenter. Ils feront employés aux ouvrages des
ponts & chauffées, ou aux autres
travaux publics, & autres fortes
d'ouvrages qui feront jugés convenables ; leurs journées feront
payées entre les mains du Sergent
au profit de l'Hôpital, fur le pied
qu'il aura été convenu avec les
Directeurs ;

Directeurs, qui leur donneront toutes les femaines une gratification fur le montant de leurs journées, qui fera, s'ils fe font bien acquittés de leur travail, au moins du fixième du produit, & même un peu plus forte. Si quelqu'un defdits engagés trouve dans la fuite un emploi pour fubfifter, les Directeurs pourront, en connoiffance de caufe, lui accorder fon congé; ils l'accorderont pareillement à ceux qui voudront entrer dans nos troupes; & ceux defdits engagés qui quitteront le fervice defdits Hôpitaux fans congé, ou pour aller fervir ailleurs, ou pour reprendre leur premier état de faínéantife & mendicité, feront pourfuivis extraordinairement, & condamnés en cinq années de galères.

E

III.

Voulons en conséquence qu'après ledit délai de quinzaine expiré, les hommes & femmes valides qui seront trouvés mendiant dans notre bonne Ville de Paris, & autres Villes & lieux de notre Royaume, même les Mendians ou Mendiantes invalides & enfans, soient arrêtés & conduits dans les Hôpitaux généraux les plus proches des lieux où ils auront été arrêtés, & dans lesquels les Mendians invalides seront nourris pendant leur vie, les enfans jusqu'à ce qu'ils ayent atteint l'âge suffisant pour gagner leur vie par leur travail; & à l'égard des femmes grosses & des nourrices, elles seront gardées pendant le

temps qui fera jugé convenable
par les Directeurs defdits Hôpitaux. Quant aux hommes & aux
femmes valides, ils feront renfermés & nourris au pain & à l'eau
pendant le temps qui fera jugé à
propos par les Directeurs & Ad-
miniftrateurs defdits Hôpitaux,
qui ne pourra être moindre de
deux mois; & au cas qu'ils foient
arrêtés une feconde fois mendiant,
foit dans les mêmes lieux où ils
auront été arrêtés ou renfermés,
foit en quelques autres lieux de
notre Royaume, les invalides feront retenus dans lefdits Hôpitaux
pendant leur vie pour y être nourris, & les hommes & femmes valides condamnés par lefdits Officiers ci-après nommés, à être renfermés dans lefdits Hôpitaux pour
le temps & efpace de trois mois

E ij

au moins , & en outre marqués ,
avant leur élargiffement, d'une
marque en forme de la lettre M.
au bras, & ce dans l'intérieur de
la Prifon ou de l'Hôpital , fans
que cette marque emporte infa-
mie ; & au cas que les uns ou les
autres foient arrêtés mendiant une
troifième fois en quelque lieu que
ce puiffe être, les femmes valides
foient condamnées par les Officiers ci-après nommés , à être en-
fermés dans les Hôpitaux généraux pendant le temps qu'il fera
jugé convenable , qui ne pourra
être moindre de cinq années, même à perpétuité, s'il y échoit, &
les hommes valides pour cinq années au moins ; & à l'égard des
hommes & femmes invalides &
hors d'état de travailler, ils feront
retenus dans lefd. Hôpitaux, pour

être les hommes & femmes invalides nourris & alimentés pendant leur vie, & employés, au profit de l'Hôpital, aux ouvrages dont ils pourront être capables, eu égard à leur âge & à leurs infirmités.

IV.

Permettons à ceux defdits Mendians qui voudront fe retirer dans le lieu de leur naiffance ou domicile, de fe préfenter dans ledit temps de quinzaine à l'Hôpital général le plus prochain du lieu où ils font actuellement, où leur fera donné un congé ou paffeport qui fera mention de leur nom, furnom, âge, naiffance & domicile, de leur fignalement & des principaux lieux de leur route, enfemble du lieu où ils voudront fe

retirer, dans lequel ils feront te‑
nus de fe rendre dans un délai qui
ne pourra être plus long que ce‑
lui qui eft néceffaire pour faire le
voyage à raifon de quatre lieues
par jour, dont il fera fait men‑
tion dans le congé ou paffeport
qu'ils feront tenus de faire vifer
par les Officiers municipaux de
tous les lieux où ils pafferont ;
moyennant quoi, & pendant ledit
temps feulement, ils ne pourront
êtres inquiétés ni arrêtés, pourvu
qu'ils ne foient pas attroupés en
plus grand nombre que celui de
quatre, non compris les enfans.

V.

Et pour connoître plus facile‑
ment ceux qui auront déja été ar‑
rêtés une première fois, ou contre

lefquels il y auroit d'ailleurs des plaintes ou autres faits qui méritent d'être approfondis, nous voulons & ordonnons qu'il foit établi en l'Hôpital général de Paris un Bureau général de correfpondance avec tous les autres Hôpitaux du Royaume; on y tiendra un regiftre exact de tous les Mendians qui feront arrêtés, contenant leurs noms, furnoms, âges & pays, ainfi qu'il aura été par eux déclaré, avec les autres circonftances principales qu'on aura pu tirer de leurs interrogatoires, & les principaux fignalemens de leurs perfonnes; & tous les Hôpitaux de Province tiendront un pareil regiftre des Mendians amenés en leur maifon, dont ils envoyeront une copie toutes les femaines au Bureau général établi à Paris, fur lefquelles copies on formera au Bureau de Paris un regiftre général de tous les Mendians arrêtés dans toute l'étendue du Royaume, fur lequel on portera, au nom de chaque Mendiant, les notes & obfervations réfultant de leurs interrogatoires, & ce que l'on aura pu découvrir à leur fujet dans les copies des regiftres des autres Hôpitaux; on y tiendra auffi un regiftre alphabétique du nom de tous lefdits Mendians; on fera imprimer à la fin de chaque femaine la copie de ce qui aura été porté pendant le cours de la femaine fur le regiftre général & alphabétique, & il en fera envoyé un imprimé à chacun des Hôpitaux du Royaume, enfemble à tous les Officiers de Police & de Maréchauffée; au moyen de quoi

chaque Hôpital ayant les renfei-
gnemens néceffaires des Mendians
arrêtés dans toute l'étendue du
Royaume, on démêlera facile-
ment ceux qui ayant été arrêtés
pour une première fois, auront
été mendier dans d'autres Provinces, dans l'efpérance de n'y être
pas reconnus, ou ceux contre lefquels il y aura d'autres fujets qui
méritent un châtiment plus févère.

VI.

Les Mendians qui feront arrêtés demandant l'aumône avec in-
folence, ceux qui fe diront fauffement foldats, qui font porteurs de
congés qui ne feroient pas véritables, ceux qui, lorfqu'ils auront
été arrêtés & conduits à l'Hôpital, auront déguifé leurs noms

& furnoms, & le lieu de leur naiffance, enfemble ceux qui feront
arrêtés contrefaifant les eftropiés,
ou qui feindroient des maladies
qu'ils n'auroient pas, ceux qui feroient attroupés au - deffus du
nombre de quatre, non compris
les enfans, foit dans les Villes ou
dans les Campagnes, ou qui auroient été trouvés armés de fu-
fils, piftolets, épées, bâtons fer-
rés ou autres armes, & ceux qui
fe trouveroient flétris d'une fleur
de lys, ou de la lettre V, ou autre
marque infamante, feront condamnés, quoiqu'arrêtés mendians
pour la première fois, favoir, les
hommes valides aux galères au
moins pour cinq années; & à l'é-
gard des femmes ou des hommes
invalides, au fouet dans l'intérieur
de l'Hôpital, & à une détention

à l'Hôpital Général, à temps ou à perpétuité, fuivant l'exigence des cas ; laiffant au furplus à la prudence des Juges de prononcer de plus grandes peines, s'il y échoit.

Voilà donc le mal bien connu ; les moyens propres pour y remédier, & les punitions établies pour l'empêcher.

Examinons maintenant fi le mal n'exifte pas dans l'abus, & non dans la chofe. Voyons enfuite fi les moyens, en rectifiant l'abus, laiffent fubfifter ce que la chofe a de bon en foi ; & voyons fi les punitions ne font appliquées que là où elles font méritées.

Premièrement, il eft à remarquer que cette Déclaration revêtue de la plus grande authenticité,

foutenue de toute l'autorité d'un
Roi puiffant & obéi, a été fans
aucune exécution, & n'exifte que
dans la mémoire de ceux qui ai-
ment à fe rappeller les marques
de l'attention & de la bonté du
Roi pour fes peuples.

On dit que c'eft parce que les
fonds ont manqué. Cette caufe eft
véritablement une des principales, & celle qui me fournira les
plus fortes objections; mais elle
n'eft pas la feule, & ce fera la
dernière que je difcuterai, parce
qu'elle eft la première en force.

Ce que je vous prie d'examiner,
c'eft que dans cette Ordonnance
comme dans les anciennes, les
Pauvres font toujours confondus
avec les Vagabonds, & n'en font
diftingués que lorfqu'ils font in-

firmes & estropiés : premier abus.
Il est dit ensuite que les premiers
Réglemens n'ont été sans nul effet,
que parce qu'ils n'étoient pas généraux par tout le Royaume ; &
l'expérience nous a montré que la
généralité n'a pas sauvé celui-ci du
naufrage. En proposant une subsistance & un travail certain aux
Mendians valides, ajoute la Déclaration, nous leur ôtons toute
excuse de désobéir à la Loi. Oui,
si cette nourriture & ce travail
sont mesurés par les forces du
corps & le besoin de la vie, & si
le Réglement de la société que
vous établissez n'est pas contredit
par les premières Loix de la nature. Comme c'est dans un Hôpital que ce travail & cette subsistance sont assurés, entrons dans

l'intérieur, & voyons fi ce féjour
eft bien défirable. D'abord c'eft
un lieu entouré de murs & fermé
de verroux. Je demande fi cela
feul n'en fait pas redouter l'entrée:
pour moi je fai que je préférerois
la mort à cette efpèce de vie pré-
caire & circonfcrite : l'intérieur
eft réglé, je l'avoue, par la plus
tendre piété & la charité la plus
touchante ; mais c'eft pour l'a-
mour de Dieu, c'eft pour l'amour
du prochain, que ces Sœurs ini-
mitables rendent à ce malade
ces foins de compaffion : & qui
veut êtré aimé d'une façon fi générale ! qui n'aime mieux être fer-
vi par fa femme qui murmure,
que par une fille célefte qui offre
à Dieu le dégoût qu'elle trouve
dans ce fervice humiliant auquel

elle n'eſt attachée par aucun intérêt perſonnel ! D'ailleurs cet Hôpital eſt un Couvent où tout eſt
ordonné par la volonté de la Su-
périeure, qui eſt réglée elle-même
par l'horloge. L'on ſonne la prière
le matin, & ſoit que l'on ait en-
vie de prier ou non, il faut obéir.
Dites-moi, Lecteurs, quel d'entre
nous voudroit qu'on lui ſonnât
ainſi ſa prière? Je connois toute la
douceur de ce ſentiment de ſpiri-
tualité qui nous rapproche de
Dieu ; je connois les délices inex-
primables de ce moment de fer-
veur ; c'eſt dans la prière que mon
ame s'épanche pleinement : je me
ſuis vu quelquefois animé au point
que tout mon corps trembloit; mais
ces momens ſont rares , & le ſon
d'une cloche ne les rappelle pas,

Or, quoi de plus douloureux, que de paſſer ſa vie dans des formules d'oraiſons auxquelles le cœur ne prend nulle part, & de plier ſon corps ſans la participation de ſon ame! J'ai toujours penſé que les Religieux ne s'étoient aſtraints à des heures d'oraiſons réglées, que parce qu'ayant renoncé à tous les plaiſirs de la vie, ils vouloient émouſſer celui-là par l'habitude.

Après la prière vient l'heure du repas, & ce repas trop léger pour appaiſer la faim, n'eſt en effet déterminé que par la règle. L'on range les hommes devant la nourriture; & qu'elle ſoit ou ne ſoit pas appropriée à leur goût, ou à leurs momens, qu'importe? Oh! ce n'eſt pas ainſi que l'homme aime à manger ſon pain. Qu'il ſoit
trempé

trempé de fueur tant que l'on voudra, mais qu'il ne foit pas coupé,
diftribué par la règle qui ôte l'appé-
tit, & qui ne s'embarraffe pas même de le fuppofer.

Le travail eft arrangé felon les
forces & le talent de chacun, &
voilà le feul point en quoi il foit
convenable ; car d'ailleurs c'eft
un Sergent qui commande vingt
hommes, qui les affemble, les con-
duit, leur diftribue leur tâche,
& les retient à l'ouvrage jufqu'à
ce que l'heure fonne ; la cloche
les fait fouper, les fait coucher,
pour fe lever de même le lendemain. Eft-ce là vivre, bon Dieu !
N'eft-ce pas l'affemblage de tous
les inconvéniens de la vie, par l'ex-
clufion de toutes fes douceurs ?
Quelle différence entre ce malheureux qui rentre dans fon aride

E

Hôpital, & ce payfan fatigué qui vient dépofer fa laffitude dans le fein de fa famille, qui mange avec fa femme & fes enfans le pain de fon travail du jour? Celui-ci a eu un objet en travaillant qui a adouci l'âpreté de la fatigue, & il jouit le foir d'un doux repos qui lui en fait perdre le fouvenir, tandis que l'autre n'a travaillé que comme une machine, un animal craintif, un bœuf à la charrue, qui n'ayant de vie que pour les peines & les fouffrances, eft mort pour les plaifirs & la fatisfaction. A cela on me répondra que fi cet homme veut travailler dans fa famille, on ne l'enfermera point dans un Hôpital. Voilà donc où il en faut venir, & le but que je me propofe eft d'engager cet homme à n'en pas abandonner l'intérieur ; au lieu que le Réglement qui l'enferme dans un Hôpital, le prive de tout espoir de retour, & l'empêche de profiter de la prétendue correction.

Le motif qui détermine un homme à quitter son domicile, est fondé nécessairement sur le libertinage qui le dégoûte de la vie tranquille, ou sur la disette de biens, & le manquement des choses nécessaires à la vie ; de sorte que voulant s'arracher au spectacle affreux de sa femme mourante de faim, aux pleurs, aux cris de ses enfans qui lui demandent du pain, il s'enfuit & va se perdre dans l'Univers.

Je me suis trouvé pendant la Campagne de 1761 dans un Village de la Hesse, qui avoit été ravagé par les armées, & dont les

Habitans mouroient de faim. Je
me souviens qu'un jour étant af-
semblé avec quelques Officiers,
nous fîmes servir un gigot, du
pain, du vin; & que tandis que nous
dînions, nous nous apperçûmes
que les enfans de notre Hôte nous
regardoient manger avec une grande avidité. J'en fis approcher un,
& je lui donnai un morceau de
pain & de viande. Le père de cet
enfant étoit retiré dans un coin de
la chambre très-sombre, comme
le sont les maisons allemandes, &
je ne l'avois pas remarqué jusqu'à
ce moment affreux qui ne sortira
jamais de ma mémoire. Cet homme égaré par la faim qu'il souffroit
depuis quinze jours, saute sur son
enfant, lui arrache son morceau
de pain, & s'enfuit. Saisi d'horreur, je frémis, je devins immo-

bile, & les larmes coulèrent sur
mon visage. Je me hâtai de dis-
tribuer tout ce qui étoit sur la ta-
ble à cette famille, & je courus
sur les pas de ce malheureux, pour
l'empêcher de se précipiter dans la
rivière. C'étoit en vain ; il s'étoit
enfoncé dans la forêt, & j'en perdis
la trace. Je rencontrai un Paysan à
qui je demandai s'il n'avoit pas vu
cet infortuné. Oui, me dit cet
homme, je l'ai rencontré, ses
yeux sont égarés, il court sans savoir où il va ; il m'a abordé, &
m'a dit : Je suis un monstre que
vous ne verrez plus dans le Village ; j'ai arraché la nourriture de
la main de mon enfant ; je vais
perdre ma vie dans ces forêts, vous
ne me reverrez plus.

Dans la Terre d'un homme de
ma connoissance, il arriva qu'un

Payſan avoit un troupeau d'oïes
qu'il laiſſoit continuellement aller
dans un blé de ſon voiſinage ; le
Seigneur de la Terre à qui ce blé
appartenoit , laſſé d'avertir cet
homme de mieux garder ſon troupeau, dit un jour à ſon Procureur
Fiſcal : morbleu, je veux faire punir ce négligent qui ne fait compte
de ce que je lui dis. Il faut ſaiſir
ſes oies dans mon blé , & lui faire
payer vingt ſols d'amende pour le
rendre plus attentif.

Le Procureur part ſur le champ ;
ameute toute la Juſtice, deſcend
dans le blé , inſtrumente, aſſigne,
exécute , puis laiſſe dormir l'affaire , & fait ſi bien qu'au bout de
trois mois cet homme fut con-
damné à 15 ſols de dédommage-
ment envers ſon Seigneur , & à
150 livres de frais.

Le voilà allarmé de cette af-
freufe Sentence ; il vient pleurer
devant fon Seigneur, & finit par
lui dire qu'il en appelera à la Juftice Royale.

Le Seigneur s'indigne contre
fes Officiers ; & au lieu de payer
la fomme, comme je le voulois,
il fe contente de confeiller à cet
homme de n'en pas appeler.

Néanmoins l'homme en appelle, eft encore exécuté, condam-
né, ruiné, contraint d'abandonner fa famille & fa ferme. Et maintenant il erre dans le Royaume en
demandant fon pain.

Autre trait. Hier lundi 16 Juillet, je m'en allois dîner dans une
maifon à Paris. En entrant dans la
cour, je vois un homme couché
par terre & jettant les hauts cris :
je m'en approche & lui demande

ce qu'il fentoit. Ah! Monfieur, me dit cet homme, je fuis tourmenté d'une violente colique d'eftomac; je me meurs. Ecoutez, mon cher, lui dis-je, il faut que vous raffembliez vos forces pour répondre à mes queftions; ce n'eft pas par curiofité que je vous interroge; je veux vous foulager: combien y a-t-il de temps que vous n'avez mangé? Depuis hier matin, me dit cet homme, & voilà ce qui m'eft arrivé: J'étois allé dans la campagne manger des cérifes fur un cerifier; le Maître de l'arbre eft venu, il m'a affommé de coups de bâton; j'ai vomi le fang à pleine bouche; je me fuis traîné jufques dans Paris; j'ai paffé la nuit dans une rue, & me voilà mourant fur cette place. Je me hâtai auffi-tôt d'aller chez la Maîtreffe

treſſe de la maiſon ; j'implorai ſon
ſecours pour ce malheureux : je
fis du thé de Suiſſe ; cet homme
en prit, il vomit des caillots de
ſang, & fut ſoulagé. Infortuné,
lui dis-je alors, pourquoi menez-
vous une ſi coupable vie ? Pourquoi reſtez-vous oiſif à mendier
votre pain, tandis que l'on travaille à ſcier les blés ? Voyez les
ſuites funeſtes de votre lâche pa-
reſſe. Hélas ! Monſieur, me dit ce
malheureux, je ſuis d'un Village
éloigné de Paris ; je ſuis venu
chercher l'extrait mortuaire de
mon père mort à l'Hôtel-Dieu ;
l'on me l'a refuſé parce que je
n'avois pas quinze ſols à donner
pour le faire lever ; je demande l'aumône pour recueillir cet argent ;
& pour ne rien dépenſer pour ma
nourriture, j'ai été la chercher ſur

G

le cerifier où il m'eft arrivé ce que
je vous ai dit ; je voudrois avoir
cet extrait mortuaire , m'en retourner dans mon Village, & cul-
tiver le peu de bien que mon père
nous laiffe. La Maîtreffe de la maifon, dont le cœur tendre & compatiffant n'avoit pas befoin d'une
fi forte inftance pour être ému ,
lui donna trois livres ; le Maître
de la maifon lui donna vingt-quatre fols ; & moi , homme à petits
moyens, je lui donnai l'obole de
la veuve. Ah ! vous m'avez con-
folé , vous m'avez guéri (nous
dit cet homme) quel changement
j'éprouve en moi ! Que Dieu vous
foit favorable , comme vous me
l'avez été. En difant ces mots, il fe
lève , il marche & s'en va, tandis
que je m'uniffois mentalement à
fes prières pour la confervation

de la femme qui mérite le plus de vivre.

Eh bien, Lecteur, que vous semble de ces traits que je pourois augmenter de cent autres consacrés dans ma mémoire? N'en concluez-vous pas ainsi que moi, qu'il y a de véritables Pauvres qu'il ne faut pas confondre avec les Vagabonds, & qui ne méritent pas leur sort? Qui de vous ne seroit pas révolté de voir traîner ces deux hommes dans un cachot d'Hôpital, que l'on présente avec vérité, moins comme une ressource pour les Pauvres, que comme un moyen sûr de débarrasser les riches de la vue importune d'un misérable? Car il est à remarquer que la Déclaration, après avoir passé légèrement sur la subsistance que le Pauvre trouvera assurée

dans un Hôpital, préfente tout de
fuite ce même Hôpital comme un
lieu de détention, dans lequel on
punira les contrevenans à ce Réglement: ce qui feroit un moyen sûr
d'en donner aux Pauvres l'horreur
qu'ils en ont, quand même elle
ne feroit pas établie juftement
d'ailleurs.

Je m'arrête ici pour expliquer,
que je fai très-bien qu'il ne me
conviendroit pas d'analyfer & de
critiquer une Ordonnance du Roi,
fi cette Ordonnance étoit en vigueur, & fi elle n'étoit pas dans
le cas de dérogeance où eft celle-
ci. Ce n'eft donc que parce que
je fai, ainfi que tout le monde,
que le Gouvernement a établi une
commiffion pour faire un nouveau
Réglement à ce fujet, que je
prends la licence d'examiner l'an-

cien , d'en relever les fautes , afin
que fi mon travail eft bon, il foit
utile à ceux qui veulent le bien
fans acception de perfonne. Je
vais donc vous préfenter la première de toutes les objeċtions, fondée
fur la trop grande dépenfe de ces
grands établiffemens , & la demi-
impoffibilité où eft le Gouvernement de les foutenir. Comme je
ne fuis chargé d'aucune partie de
l'adminiftration civile, & que les
Mémoires que je pourrois donner
fur la grande quantité de Pauvres
qu'il a fallu enfermer lorfque l'on
a voulu profcrire la mendicité,
feroient fautifs , & dépourvus de
preuves authentiques, je fuis for-
cé de renoncer à cette efpèce de
démonftration , qui feroit un fort
argument pour moi ; & renfermé

G iij

dans les connoiſſances du raiſon-
nement exact , je laiſſe à ceux
qui pourront compulſer les regîtres des Hôpitaux , le ſoin de confirmer dans leur eſprit la vérité dé
ce que j'avance ; d'ailleurs il faut
que je ſois court & raſſemblé , ſi je
veux être lu. Ainſi je me contenterai de dire ce que perſonne né
me diſputera. C'eſt que les Hôpitaux ſont un dédale de friponneries
inextricable ; que les fortunes des
Entrepreneurs ſont rapides , & que
les regîtres ſont tellement em-
brouillés , que perſonne né peut
y porter la lumière ; que l'article
ſeul de l'apothicairerie n'eſt ſuſ-
ceptible d'aucune vérification, ſoit
pour la qualité des remèdes , ſoit
pour leur quantité ; que la baſe dé
la rubarbe eſt toujours de la bri-

que pilée, & que l'Apothicaire
qui a diſtribué 300 médecines, en
compte 1500.

Qu'un Hôpital conſidérable ſi-
tué dans une grande Ville, comme ils le ſont, ne peut pas nourrir
ſes Pauvres à moins de 15 ſols par
jour pour chacun : ce que je ſais,
parce que le Roi donne 16 ſols par
jour pour chaque ſoldat, dans les
Villes où il manque d'Hôpitaux mi-
litaires, & que les Directeurs ne
ſont pas jaloux de cet avantage :
& d'ailleurs, tel Hôpital qui nour-
rira 600 hommes à 15 ſols par
jour, en dépenſera 20 par homme, ſi l'on en groſſit beaucoup le
nombre, parce que les entrepriſes
deviendront plus conſidérables, &
que les comptes ſeront plus em-
brouillés. Je dirai enfin, qu'il ne
faut pas compter ſur les travaux

G iv

des compagnies de vingt hommes,
ou fur ceux qui fe feront dans la
maifon , parce que les frais des
furveillans feront plus forts que
le profit de mains d'œuvres , attendu qu'il n'y a que le befoin & l'intérêt qui puiffent engager l'homme au travail , & que jamais la
violence n'a rien obtenu des efprits qu'elle révolte , & des corps
qui lui échappent à chaque inf-
tant (1). Une autre reffource auffi
vaine , eft celle que l'on efpère
tirer des particuliers auxquels on
ne demande que la moitié de ce
qu'ils diftribuent manuellement.
Quand un homme donne à un autre homme , il y eft fortement

_____

(1) Voyez les Confidérations fur le Gouvernement par le Marquis d'Argenfon fur les
Hôpitaux , & les travaux forcés,

porté par le penchant naturel qui l'engage à fecourir fon frère fouf-frant : tout l'intéreffe dans la perfonne de ce Pauvre qu'il a fous les yeux ; premièrement, le retour fur lui-même qui lui fait craindre un femblable état ; enfuite l'air languiffant & fuppliant de ce vifage maigre & pâle ; enfuite ces mono-fyllabes éloquens : hélas ! pauvre malheureux ! qui font un effet fur nous, que toutes les harangues ne peuvent égaler ni détruire : de plus, il fait que le liard qu'il lui donne eft le demi-quart de ce qu'il lui faut pour fe nourrir pendant un jour. Et qui n'eft pas flatté de s'obliger un homme à fi vil prix ? Au lieu que celui qui entre dans l'Hôpital Général, voit une multitude innombrable de gens qu'il faut fecourir tous enfemble, ou

point du tout. » Que puis-je faire
» pour tout ce peuple, se dit-il à
» lui-même ? & quand je donne-
» rois un sol, un écu, un louis,
» cent francs, quel bien en rece-
» vront-ils ? D'ailleurs, que sais-
» je par quelles mains cela passera ?
» Cela sera peut-être employé à
» payer le Tailleur de ce Contrô-
» leur si bien galonné » ? Perdu
dans ce grand mouvement, notre
homme se replie sur lui-même,
& s'en va sans rien donner. Ensuite il verra venir chez lui un Marguillier, un Prêtre, une Dévote,
qui, portant une bourse dont ils
ont la clef, lui demanderont d'un
air léger & dédaigneux, ou d'une
façon importune, de l'argent pour
les Pauvres. » Oh ! leur dira cet
» homme, je ne donne que quand
» je suis ému & intéressé pour ce-

» lui à qui je donne. Pourquoi me
» soucierois-je de Pauvres que je
» n'ai jamais vus & que je ne vois
» point ; & que vous n'avez peut-
» être jamais vus non plus, vous
» qui m'en parlez? Allez, ma bon-
» ne, je ne verse jamais de larmes
» stériles, mais je n'en verse ja-
» mais d'une façon vague. Lâchez
» ces Pauvres que vous retenez
» malgré eux, ils sauront bien ve-
» nir en personne émouvoir ma
» sensibilité par une éloquence na-
» turelle que vous n'obtiendrez
» jamais, & ne revenez plus chez
» moi, car ce seroit en vain.

Effectivement, quand on donne
au Pauvre, c'est le Pauvre qu'on
aime ; quand on donne à la Quêteuse, c'est la Quêteuse que l'on
veut flatter, à qui l'on veut faire

une groffe bourfe, parce qu'elle
en devient fière, & qu'elle ne
s'applaudit pas tant le foir d'avoir
trouvé des gens charitables, que
d'avoir vu des hommes qui la
trouvoient jolie.

D'après tout ceci, je crois donc
avoir bien établi que le Gouvernement ne pouvant tirer aucune
reffource, ni des travaux des Pauvres valides ou invalides, ni des
charités des particuliers, ne peut
entretenir ces gens-là que par des
frais confidérables, qui ne feroient
qu'en multiplier le nombre dans
le Royaume. Avant d'en venir aux
moyens que j'ai à propofer pour
remédier à l'abus du trop grand
nombre de Mendians répandus
dans les Villes & dans les Campagnes, il ne me refte donc plus

qu'à dire en deux mots , que la
violence que l'on a employée jufqu'à préfent , eft un remède pire que le mal ; & que cette violence révolte le plus doux fentiment de l'humanité , en léfant
le plus tendre objet de fes follici-
tudes : *facerrima res homo mifer.*
En effet , ce font les Pauvres qui
nous font fentir que nous fommes
des hommes, à nous autres gens
riches , qui croirions fans cela
n'être que l'ame d'un caroffe, ou
le corps d'une femmelette.

Il fe peut fort bien que nous
n'aimions pas nos femmes , parce
qu'elles font déréglées ; que nous
ne chériffions pas nos enfans, parce que nous ne les connoiffons
pas avec certitude ; mais toute la
diffolution du fiècle ne peut pas
nous empêcher d'être touchés à la

vue d'un malheureux (1). Et tel qui dans la rue a penſé en écraſer dix ſous les pieds de ſes chevaux, étoit attendu ſur le pas de ſa porte par celui qui étoit deſtiné à émouvoir ſon cœur. N'accablons donc pas de chaînes peſantes la partie ſouffrante de l'humanité ; n'aggravons pas leur infortune par de nouveaux malheurs ; &, comme je l'ai déja dit, ne prenons pas de notre injuſtice le droit d'être cruels. Ce ſont des hommes, ce ſont nos frères ; ils ſouffrent, conſolons-les : demandons-leur à eux-mêmes quel eſt le moyen de re-

---

(1) J'étois il y a quelques jours dans l'Egliſe de la Maiſon Profeſſe : une pauvre femme vins me demander l'aumône ; je lui dis que je n'avois rien. Fouillez dans votre bonne poche (me dit cette femme) le bon Dieu y en a mis pour les Pauvres.....

médier à leurs maux : ils nous diront que pour les soulager il faut les séparer des Vagabonds ; parce que lorsqu'ils en seront bien distingués , nul ne s'irritera contre l'obstination de leurs demandes , & nul ne se plaindra de leur importunité : ils nous diront qu'ils ne demandent dans la société que la même tolérance que l'on accorde aux Charlatans, aux Bateleurs. A propos de Bateleurs , au moment que j'écris ceci , j'en ai un sous mes fenêtres , qui a brisé les côtes & les reins d'un jeune enfant, qui lui fait faire des contorsions de corps horribles à voir , qui dit des ordures & des sotises devant les jeunes filles qui le regardent. Eh bien ! cet homme tend son chapeau , recueille des liards impunément , tandis.....Reve-

nons : il faut non-seulement diftinguer les Pauvres des Vagabonds
& des gens sans aveu ; mais il
faut aussi diminuer leur nombre.
Voici les deux objets que j'ai à
vous proposer , & que j'espère
que vous goûterez , si vous les
écoutez avec le même sentiment
qui me les dicte.

En faisant l'énumération des
différentes causes de la mendicité , je n'avois rapporté que la disette & le libertinage, parce que,
pour suivre une méthode , il n'é-
toit pas à propos d'en alléguer alors
d'autres que ces deux-là. Maintenant que je vais expliquer les
moyens que je veux substituer à
ceux dont j'ai montré les inconvéniens, je vous dirai donc qu'il
est une autre cause de mendicité,
source féconde qui l'a multipliée au
point

point abufif où nous la voyons aujourd'hui: c'eft le befoin indifpen-
fable que les hommes ont de voya-
ger dans un grand Royaume , au
milieu duquel ils ne peuvent fubfifter (lorfqu'ils font peu riches)
que des aumônes des Particuliers.
À mefure que le Royaume s'eft ag-
grandi, les voyages font devenus
plus longs, fans que les moyens
de les faire fe foient accrus. Le
défaut de population dans une
Province, la trop grande abondance d'hommes dans un autre
Pays, relativement à fa fécondi-
té, occafionnent tous les jours des
tranfmigrations confidérables. Joi-
gnez à cela le remûment continuel
des Ouvriers & des Artifans de
toutes efpèces, qui vont de Ville
en Ville chercher de l'ouvrage ;
Menuifiers , Charpentiers , Tail-

H

leurs de pierre, Maçons, Pion-
niers, Cordonniers, Perruquiers,
Tanneurs, enfin mille & mille
Ouvriers de mille espèces différentes, qui traversent journelle-
ment le Royaume en long & en
large, & qui n'ayant pas beaucoup
d'argent, font au hasard de toutes
les chances de la fortune ; & ju-
gez combien il se trouve de ces
gens-là, qui, jettés dans un Pays
étranger, sans connoissance, sans
ressource, sans attelier ouvert pour
les recevoir, sont obligés de demander leur vie, & augmentent
à l'infini le nombre des Mendians
que vous voulez proscrire. Pour
ôter les effets, il faut ôter la cause ;
c'est-à-dire, qu'au lieu d'enfermer
dans des Hôpitaux ces gens qui
ont besoin de vivre & de marcher
en même temps, il faut leur don-

ner un moyen de continuer leur voyage fans mendier.

Le moyen que j'ai à propofer eft fimple & de petite dépenfe ; je répugne aux établiffemens trop frayeux, & le fafte public me déplaît, quand je vois percer au travers l'appauvriffement des Particuliers.

Je veux donc que pour recevoir les indigens qui ont des voyages à faire, l'on établiffe à Paris & dans les grandes Villes de Provinces & Villes du fecond ordre, & pas davantage, des Hofpices deftinés à cela feul. L'établiffement fera facile à faire. Je ne veux point d'Entrepreneurs, de Contrôleurs, de marmites : rien de tout cela. Je veux un Concierge à la porte de l'Hofpice, un corps-de-garde à portée pour y maintenir l'ordre ;

& voilà tout. L'intérieur confif-
tera en de très-grandes falles, au-
tour defquelles régnera un lit de
planches, comme il y en a dans
les corps-de-garde, & que les foldats nomment lit de camp : cela
eft plus propre que les lits à paillaffes & à matelas, & plus convenable pour recevoir les gens qui
paffent. En hiver il y aura un poële
dans la falle, & rien de plus. Comme il m'eft arrivé fouvent de coucher fur de pareils lits, & d'y dormir très-bien, je crois pouvoir le
propofer pour les autres fans inhu-
manité. Que tous en faffent ainfi,
& que les donneurs de projets
commencent par s'y foumettre les
premiers, on n'entendra plus parler de prifons, ni de chaînes, ni
d'Hôpitaux.

Cet Hofpice une fois établi,

l'on y recevra tous ceux qui se
présenteront à la porte , & qui
montreront un bon certificat du
Juge de leur Village , qui témoi-
gnera que ce font d'honnêtes gens
qui voyagent pour leurs affaires ,
& qui , sans expliquer le Pays
qu'ils doivent parcourir, indique-
ra seulement le temps qu'ils doivent être absens de chez eux.

Aussi-tôt qu'un voyageur sera
arrivé , on lui donnera un bon
pour une livre & demie de pain
qu'il ira prendre chez le Boulanger, & qu'il mangera à sa fantai-
sie sur son lit. Les gens qui arri-
veront dans ces Hospices seront
de deux espèces ; savoir, ceux qui
viennent dans la Ville pour y chercher de l'ouvrage & s'y établir ,
& ceux qui n'ayant à y demeurer
qu'une nuit, doivent passer outre

le lendemain. Ils se feront connoître pour ce qu'ils sont, & pour
ce qu'ils désirent au Concierge de
la maison, qui avisera à leur éta-
blissement.

Il faut préalablement vous dire
que tous les métiers ont dans les
grandes Villes des hommes ou des
femmes qui s'appellent indistinc-
tement *la Mère*. Le devoir de ces
Mères est de chercher de l'ouvrage pour un Compagnon qui arri-
ve : aussi-tôt qu'il leur a donné
connoissance de son arrivée, elles
doivent aller parler aux Maîtres, qui les préviennent ordinai-
rement lorsqu'ils ont besoin d'Ouvriers, afin d'installer le *Roulant*
dans un attelier le plutôt possible.

Je désirerois que ces Mères fus-
sent logées dans l'Hospice, afin

qu'auſſi-tôt que le Concierge leur
a dit qu'il eſt arrivé un Compagnon de tel ou tel métier, qui demande de l'ouvrage, elles puſſent
s'employer ſur le champ à lui en
trouver, à l'établir dans une bou-
tique, ou l'accuſer devant le Concierge, ſi c'eſt un fainéant qui ne
cherche qu'un vain prétexte pour
être nourri plus long-temps. Car
pendant tout le temps que la Mère
paſſera à lui chercher un attelier,
il ſera nourri & logé dans l'Hoſ-
pice, c'eſt-à-dire avec la livre &
demie de pain & le lit de camp.

Si l'homme arrivé dans la Ville
pour y ſéjourner, ſe trouvoit être
un Payſan attiré de ſon Village
pour ſuivre ſon procès, il jouira
de l'hoſpitalité pendant tout le
temps que ſes affaires le retien-
dront dans la Ville, bien entendu

qu'il apportera un certificat de fon Procureur, qui affurera le Concierge que les affaires de cet homme le retiennent néceffairement pendant tant de temps, & exigent indifpenfablement fa préfence.

Voilà l'établiffement que je propofe, auquel on ne peut me reprocher (à ce que je crois) que d'être trop fimple & trop peu faftueux pour le fiècle. Il eft d'un très-petit entretien, & coûtera très-peu aux Hôpitaux généraux qu'il faut charger de cette dépenfe (1). Le Boulanger donnera le

_____

(1) Cette dépenfe fera bien moins onéreufe aux Hôpitaux, que le fardeau dont on les accablera, fi l'on enferme tous les Mendians. A l'égard de l'acquifition de la Maifon profeffe, j'en connois les difficultés ; & je n'ai mis mon nom à la tête de cet Ouvrage, que pour que l'on fache à qui s'adreffer pour avoir le moyen

pain

pain fur les billets du Concierge ,
& tous les mois on lui en payera le
total. A l'égard de la maifon pour
l'Hofpice de Paris, elle eft toute
bâtie & toute arrangée pour cet
objet : elle eft fituée dans le quartier de la Ville le plus peuplé
d'Ouvriers de toutes efpèces. C'eft
la Maifon profeffe des Jéfuites ;
vacante aujourd'hui , & qui ne
peut pas être mieux occupée.

Raffemblez tous les avantages
qui réfulteront de la fondation de
ces Hofpices ; voyez tous les inconvéniens auxquels elles remé-
dieront. C'eft vous que j'appelle
en témoignage, vous dont le cœur
fenfible & compatiffant aime à

---

de les lever : fait que je fuis pour répondre aux
Magiftrats & au Public des moyens que j'ai
de juftifier leur approbation.

I

s'entretenir avec le Pauvre des causes de son infortune ; dites hautement que tous ceux que vous avez interrogés, vous ont répondu, que jettés hors de chez eux par la nécessité de leurs affaires, ou de leurs besoins, isolés dans le Royaume sans ressources & sans moyen, ils ont été obligés de recourir à la mendicité, qui ne procure que la vie du moment, sans assurer celle de l'avenir. Et d'ailleurs, quand le fait ne seroit pas vrai, ôtons-leur le moyen sûr de nous intéresser, en nous disant qu'ils veulent retourner dans leur pays, & qu'ils n'ont pas le moyen de continuer leur route ; parce que nous qui sommes sensibles, mais qui ne sommes pas efféminés, nous ne nous ferons nulle peine de les envoyer dans l'Hospice

manger du pain & coucher fur le
bois, pourvu que cet Hofpice ne
foit ni fermé, ni grillé, & qu'on
leur laiffe la liberté de fe prome-
ner dans la Ville, en les avertif-
fant que s'ils veulent coucher dans
la maifon, il faut qu'ils foient ren-
trés à une certaine heure; & que
fi n'étant pas revenus, ils s'avi-
foient de refter dans les rues à demander l'aumône, ils feroient trai-
tés comme vagabonds, & livrés
en cette qualité à toute la févérité
de la Juftice. Ainfi tous Voyageurs
& Etrangers ne feront plus admis
à cette communion de l'aumône
que je veux refferrer entre les Paroiffes, afin que le lien de frater-
nité qui unira celui qui donne &
celui qui reçoit, ne foit pas fi
étendu qu'il s'en affoibliffe, &
afin que la charité de l'homme

sensible soit éclairée, en ne s'ap-
pliquant que sur des Pauvres con-
nus, & soutenus de la protection
publique. Quelle est cette aumône qui honore l'homme, qui le
rapproche de Dieu, & qui, selon
Tobie, le console à l'heure de sa
mort? N'est-ce pas celle qui vient
de la sensibilité d'un cœur droit,
qui embrasse tous les besoins de
l'indigent, & qui non-seulement
le secourt de la bourse du riche,
mais aussi de l'assistance du fort,
& de la consolation de l'homme
compatissant? Se borne-t-elle à
cette largesse dédaigneuse de l'in-
dolent qui achette par une pièce
de monnoie le droit d'être insen-
sible aux maux de l'humanité?
Sainte charité! non, tu ne fus jamais le partage d'une ame froide!
& jamais l'argent ne représenta tes

généreuses inspirations ! Ce n'eſt
pas feulement de ſon manteau
qu'il faut couvrir le Pauvre , c'eſt
dans ſon ſein qu'il faut le recevoir
& le choyer.

Quand Charles VII (1) étoit en
voyage, il ne ſe contentoit pas de
diſtribuer de l'argent, il vouloit
pourvoir aux beſoins des miſéra-
bles ; il menoit avec lui des Cordonniers pour leur faire des ſou-
liers. Qu'ils ſont grands les Rois
qui font ces choſes ! Qu'elle eſt
ſublime la Religion qui leur inſ-
pire & qui les proſterne tous les
ans aux pieds des Pauvres pour les
laver & les baiſer !

Que le divin Moïſe connoiſſoit
bien la force de l'intérêt que l'on
prend à la cauſe du Pauvre, lorſ-

_____

(1) Manuſcrit de Dupuis, an 1461.

I iij

qu'il difoit : *ne memineris etiam Pauperis in judicio : oubliez le Pauvre dans vos Jugemens !* Et que M. Daguefleau connoiffoit bien fon fiècle, lorfqu'il jugea devoir commencer par défendre l'impartialité pour le Riche, avant de prefcrire aux Magiftrats la froideur d'acception pour le Pauvre (1) ! L'homme ne doit pas donner, il doit fe donner au Pauvre, fouffrir de fes fouffrances, & gémir de fes maux Mais ce fiècle feroit-il affez dé-

_____

(1) Il eft à remarquer que ce n'eft que dans le Jugement que ce grand Magiftrat interdifoit la faveur & la protection ; car dans tout ce qui précéde le Jugement, dans tout ce qui peut l'accélérer, le peu de moyen du Pauvre & le prix de fon temps doivent engager les Juges à hâter la décifion de fes affaires. M. Talon rapporte qu'en 1486 le procès pour la Comté de Périgord fut retardé pour fuivre les affaires des Pauvres.

pravé , pour qu'il faille faire un
devoir de ce qui eſt le ſentiment
intime d'une ame généreuſe ? Non;
il ne faut que remettre les choſes
en leur place, diſtinguer l'indigent
qui ſe fait chérir , non-ſeulement
du vagabond qui révolte , mais
auſſi de l'Etranger que l'on ne con-
noît pas , auquel on ne peut s'in-
téreſſer que médiocrement, & qui
doit aller chez ſes frères chercher
les ſecours dont il a beſoin. Je dis
de plus que cet argent diſtribué
légèrement aux Etrangers eſt un
mal , puiſque l'argent repréſente
la nourriture de l'homme; ſa diſ-
tribution eſt reſpectable pour le ſage qui ne diſſipe point là ſubſtan-
ce , & qui n'étant point chiche
pour lui, l'eſt pour ceux qui ſont
à ſa charge ; enfin l'homme ſage
ne donne qu'avec réflexion & à la

néceffité. Il faut donc qu'il la connoiffe sûrement, & l'adminiftration civile doit l'aider à n'être jamais dupe : voici les moyens.

Il faut qu'il foit défendu à tout Pauvre valide ou invalide de demander l'aumône ailleurs que dans fa Paroiffe, & ce fous peine d'être traité comme vagabond.

2°. Qu'il foit auffi défendu de mendier dans les rues, fans avoir reçu du Commiffaire du quartier, fi c'eft à Paris, du Juge municipal, fi c'eft dans une Ville de Province, du Syndic, fi c'eft dans un Village ou Bourg, un écriteau collé fur du carton, fur lequel feront écrits ces mots :

LE ROI PERE DES PAUVRES,

Paroiffe Saint Laurent,

Juillet, Août, Septembre 1764.

C'eſt ſeulement ſous ce titre au-
guſte qu'il leur ſera permis de quêter dans les Villes & dans les Campagnes, afin qu'ils deviennent reſ-
pectables ſous cette protection, &
que le pain de l'aumône ceſſe d'ê-
tre vil. Les Commiſſaires & autres gens prépoſés pour donner ces
cartons, ne les donneront que ſur
l'atteſtation de ſix Habitans voi-
ſins du Pauvre, leſquels non-ſeulement donneront ces atteſtations
dans le cas de maladie ou d'inva-
lidité, mais auſſi lorſque le Pauvre ſera chargé d'élever une nom-
breuſe famille que ſon travail jour-
nalier ne peut entretenir, ou lorſqu'il lui ſera arrivé un déſaſtre de
grande importance, qui a beſoin
d'être réparé tout de ſuite, pour
obvier à la ruine entière de ſes affaires. C'eſt pourquoi les cartons

feront changés tous les trois mois ;
afin que lorfque l'inconvénient
fera ceffé, le Commiffaire retire
ce fecours ou le proroge felon l'a-
vis des Habitans. Tous les trois
mois il fera fait une affemblée des
principaux Habitans de la Paroiffe, nombreufe en raifon de fon
étendue, à laquelle affiftera le Cu-
ré, & préfidera le Commiffaire,
pour qu'il y foit traité des chofes
relatives au bien des Pauvres ; &
là fe fera la diftribution des cartons, en enjoignant à ceux qui les
recevront de les porter toujours
fur l'épaule, pour l'honneur du
Roi d'abord, & afin qu'ils foient
dans la plus grande évidence ;
parce que les petits papiers que
l'on porte en poche font trop aifés à
recevoir, & trop longs à montrer,
& que fouvent l'homme qui don-

ne n'a pas le temps de vérifier si le
certificat est bien légalisé : en leur
défendant d'affecter des cris, des
lamentations, des déchiremens de
poitrine, des contorsions de corps
désordonnées, parce que bien que
la misère ne deshonore pas le
nom du Roi qu'ils portent, l'affec-
tation de la souveraine misère feroit injure à sa charité. Il est tout
simple que le Roi reconnoisse des
Pauvres, & qu'il les recommande
aux Riches, non-seulement parce
qu'il ne peut pas remédier à tous
les dérangemens de fortune, mais
aussi parce qu'il est nécessaire que
le Riche voie des Pauvres, & qu'il
leur donne l'aumône. Néanmoins
dans les cas urgens de la grande
misère, ou de la grande souffrance
du corps, le Roi ne doit pas laisser
les souffrans aux hasards d'une quê-

te journalière ; & les établissemens
des Hôpitaux, des Hôtels-Dieu,
des quêtes des Paroisses, pour-
voient à ces cas-ci. L'aumône est
la première de toutes les subven-
tions ; il faut qu'elle ne s'attribue
qu'à l'authenticité du besoin, exa-
miné sans prévention, sans partia-
lité, sans faveur. Et voilà ce qui
m'a fait rejetter un autre arrange-
ment pour lequel je panchois par
l'affection de mon cœur ; savoir,
de remettre aux Curés des Paroiffes l'administration du régime des
Pauvres ; ils sont les Ministres
d'une Religion de charité ; ils ont
la confiance des hommes ; ils sont
intègres, zélés.... mais c'est qu'ils
le font trop pour leur parti & pour
leurs opinions ; c'est qu'ils s'atta-
chent, exclusivement à tout autre,
à ceux qui les adoptent avec cha-

leur; c'est que, resserrant (comme
dit M. de Montazet dans sa Lettre
Pastorale) l'orthodoxie dans le cer-
cle étroit de leurs préjugés, ils
refuseroient le pain à ceux qui
n'accepteroient pas leurs idées, &
ne voudroient pas soutenir la vie
de ceux qui vivent mal, quoique
le pain de la parole ne doive pas
précéder celui de la vie animale.
J'ai donc jugé nécessaire de remettre le soin des Pauvres à ceux
qui ne sont fortement attachés à
aucun parti ; & si je trouvois un
Cosmopolite, je l'en chargerois,
afin qu'il ait la même attention
pour les Suédois que pour les
François, pour les Luthériens que
pour les Catholiques. Voilà l'avantage que notre vraie Religion doit
prendre sur les autres Sectes, parce que c'est l'esprit de ses maxi-

mes, & le précepte de son divin Instituteur. *Nescitis cujus spiritus estis*, dit-il à ses Apôtres, lorsqu'ils vouloient attirer le feu du Ciel sur les impies qui le maudissoient.

Il faut donc, sans aucune autre considération, regarder les Pauvres comme des malheureux, & regarder ce titre comme le plus puissant droit qu'un homme puisse avoir sur le secours de la société; Il faut s'assurer contre les artifices que les fripons & les fainéans mettoient en usage pour se couvrir de cette protection qui ne leur est pas dûe. Je crois avoir donné les moyens de les connoître. Je vous ai rapporté tous les Réglemens inutilement donnés dans les derniers siècles; j'en ai montré les contradictions par l'historique; j'en ai expliqué les inconvéniens par

le raifonnement, & l'impuiffance
par leur nullité d'effet. J'ai établi
un régime fimple pour les Pauvres
étrangers , & pour les Habitans
indigens. Que me refte-t-il à faire?
Faut - il entrer dans tous les dé-
tails (1) que l'on peut prévoir ?
Faut - il annoncer les cas particuliers des Etrangers qui auront

---

(2) Le plus grand fuccès que je puiffe ef-
pérer pour cet Ouvrage, feroit qu'il intéreffât
les gens auxquels je le propofe ; de forte qu'y
étant attachés par fentiment, ils ne s'en éloi-
gnaffent que par la crainte des difficultés & des
empêchemens. Oh! quel beau champ je don-
nerois à mes idées, fi les chofes en étoient à
ce point ! Avec quel plaifir je détaillerois tous
les moyens d'exécution ! Ce n'eft affurément
pas par difette d'idées que je me fuis refferré
dans un fi petit volume. C'eft parce que j'ai
cru devoir plaire, avant de m'épuifer à déve-
lopper un fyftême dont on ne veut peut-être
pas : que fais-je ?

befoin de fecours d'argent des
Habitans infirmes qui ne pourront
pas fe traîner dans la rue pour y
demander l'aumône; ou de ceux
qui, étant occupés à un travail
continuel, n'auront que très-peu
de temps pour quêter un fecours
de fupplément néceffaire à l'entretien d'une famille nombreufe
ou infirme? Non, je n'ai pas e
courage d'en dire davantage, parce que je crains de n'être pas fuivi,
peut-être pas lu; parce qu'il n'eft
pas poffible de détailler fur le pa-
pier toutes les engrenures de la
machine fociale; parce qu'enfin je
fuis dans un Pays où je trouve
mille & mille établiffemens pour
tous ces cas différens qu'il faut néceffairement conferver, tels que
font les Hôpitaux, les Hôtels-
Dieu & les quêtes des Paroiffes.

J'ai

J'ai voulu montrer qu'il ne falloit pas proscrire la mendicité, & qu'il étoit possible d'y mettre un ordre. J'ai donné le moyen de distinguer les bons Pauvres des vagabonds contre lesquels on ne peut pas trop sévir, & que l'on pourra arrêter & envoyer où l'on voudra, sans craindre que le Peuple en murmure, & que les gens de bien en soient révoltés. J'ai fait sentir que l'aumône est un sentiment du cœur tendre & précieux; j'ai dit qu'il ne falloit pas l'effacer. Malheur à ceux qui ne le sentent pas dans l'intimité de leur conscience! Je dirai d'eux ce que Sainte Thérèse disoit des Démons de l'Enfer : ô les malheureux ! ils ne peuvent pas aimer !

F I N.

www.ingramcontent.com/pod-product-compliance
Lightning Source LLC
Chambersburg PA
CBHW071221200326
41519CB00018B/5621